Raimund Eich

Gott, oder was?

AF236030

Raimund Eich lebt im Saarland.

Neben zwei Tatsachenromanen und Büchern mit heiteren und besinnlichen Gedichten und Geschichten hat er einige Werke veröffentlicht, in denen er sich insbesondere mit gesellschaftlichen und geisteswissenschaftlichen Themen befasst. Hierin lässt der Diplomingenieur der Elektrotechnik auch naturwissenschaftliche und technische Aspekte in sehr anschaulicher Form mit einfließen. Daraus resultieren einzigartige Bücher, spannend, dramatisch, informativ und unterhaltsam zugleich.

Raimund Eich

Gott, oder was?

plausible Antworten
auf grundsätzliche Fragen

Impressum:

Bibliografische Information der Deutschen
Nationalbibliothek:
Die Deutsche Nationalbibliothek verzeichnet
diese Publikation in der Deutschen Natio-
nalbibliografie; detaillierte bibliografische
Daten sind im Internet über
http://dnb.dnb.de abrufbar.

Herstellung und Verlag:
BoD – Books on Demand, Norderstedt
ISBN: 9783753463988

INHALTSVERZEICHNIS

Vorwort.. 7

Wer ´s glaubt wird selig, oder …?.............. 12

Warum zweifeln viele Wissenschaftler an
Gott? 17

Warum gibt sich Gott uns nicht zu
erkennen?.. 22

Warum lässt Gott Ungerechtigkeiten zu?29

Warum verhindert Gott nicht Kriege,
Zerstörung, Leid und Grausamkeiten? ... 35

Was passiert, wenn wir sterben?.............. 40

Was ist der Sinn des Lebens?..................... 43

Setzt der Glaube an Gott ein Leben in
Sack und Asche voraus? 48

Warum ist das Ego unser Feind?.............. 50

Und was soll ich jetzt glauben? 53

Nachwort 55

Literaturhinweise, Informationsquellen.. 60

Weitere Veröffentlichungen 63

Vorwort

Bücher über den Glauben an Gott, auch solche, die sich damit kritisch auseinandersetzen, gibt es sehr viele. Kein Wunder, denn dieses Thema ist schließlich so alt wie die Menschheit selbst. Darüber wurde schon so viel geschrieben, dass es eigentlich völlig ausgeschöpft sein müsste.

Doch was auch immer darüber gedacht, gesagt und geschrieben wurde, viele vermissen einen eindeutigen Beweis für eine göttliche Existenz, was den Glauben letztlich so schwierig macht. Auch dieses Buch vermag keinen Beweis zu liefern, weil ihn nun mal keiner von uns Menschen zu erbringen vermag. So bleibt uns allen letztlich nur eine Wahl, entweder man glaubt an einen göttlichen Schöpfer, oder nicht. Punkt!

Sollte man es daher nicht einfach dabei bewenden und den lieben Gott, so oder so, einen guten Mann sein lassen? Man fragt sich allerdings, warum es dennoch immer wieder hartnäckige Versuche gab und noch immer gibt, die Existenz eines Schöpfergottes in Abrede zu stellen, und das nicht selten von bekannten Persönlichkeiten mit Rang und Namen.

Man sagt, unter Wissenschaftlern sei der Anteil an Atheisten besonders hoch. Offenbar besteht ein Zusammenhang zwischen dem Glauben und dem Intelligenzquotienten eines Menschen dergestalt, dass ein höherer IQ nicht selten in einem umgekehrt proportionalen Verhältnis zum Glauben zu stehen scheint. Könnte man daher im Umkehrschluss also die bewusst despektierlich formulierte Behauptung aufstellen: „Je dümmer, desto gläubiger"? Wenn dem so wäre, könnte das nicht mit ein Grund mehr für die seit Jahrzehnten in steigendem Maße zu verzeichnenden Kirchenaustritte sein? Immerhin muss man dann ja auch keine Kirchensteuern mehr bezahlen, was sicherlich alleine schon von vielen als durchaus nicht unklug gewertet wird.

Wenn es so etwas wie eine Gottes- oder Glaubensaktie gäbe, wäre man als Aktionär sicherlich angesichts des permanent sinkenden Aktienkurses gezwungen zu überlegen, ob man sie nicht besser abstoßen sollte, um die materiellen Verluste zu begrenzen. Allerdings könnte man mit dem Blick nur durch die Euro- oder Dollarbrille die anderen Werte nicht wahrnehmen, die diese Aktie letztlich so wertvoll machen. Ich meine damit die immateriellen oder geistigen Werte, auf die ich in diesem Buch etwas näher eingehen möchte.

Um es vorweg zu nehmen, ich bin kein Theologe und auch kein Gottesanbeter im klassischen Sinn. Auch missionarischer Eifer treibt mich nicht an, sondern eher die Logik, der ich als Elektroingenieur in allen Dingen eine besondere Bedeutung beimesse. Und vordringlich aus diesem Grund möchte ich Ihnen meine Sicht der Dinge zum Thema Glauben in diesem kleinen Buch gerne etwas näher bringen.

Jeder von uns hat das Recht, an einer Existenz Gottes zu zweifeln. Wofür ich aber offen gestanden bei den so genannten Experten unter den Gottesleugnern wenig Verständnis habe, ist, dass sie sich in Anbetracht ihrer zweifellos herausragenden Intelligenz und bedeutender wissenschaftlicher Leistungen offenbar dazu berufen fühlen, diese für uns Menschen elementar wichtige Frage sozusagen stellvertretend für alle beantworten zu dürfen, wohl wissend, dass sie damit gerade in unserer wissenschaftsgläubigen

Gesellschaft entsprechendes Gehör und viele Nachahmer finden.

Sind die Religionen mit ihren Aussagen also doch die bessere Wahl? Eher nicht, denn auch die enthalten meines Erachtens Ungereimtheiten und Widersprüchlichkeiten oder werfen Zweifel und Fragen auf, die letztlich unbeantwortet bleiben. Schließlich wurden alle religiösen Schriften vor sehr langer Zeit für Menschen geschrieben, deren Wissens- und Kenntnisstand nicht ansatzweise mit dem heutigen vergleichbar ist. Diese „heiligen Schriften" in einer damals sicherlich zeitgemäßen Darstellung aus heutiger Sicht in buchstäblich jeder Beziehung wörtlich nehmen zu wollen, wäre wohl kaum der richtige Ansatz.

Aber was und wem sollte man denn letztlich glauben? Eine berechtigte Frage, auf die ich Ihnen nur den Rat geben kann, weder religiösen noch wissenschaftlichen Denkvorgaben blind zu vertrauen oder sich davon abhängig zu machen. Vertrauen Sie stattdessen Ihren Gefühlen, Empfindungen und Intensionen und machen Sie sich Ihre eigenen Gedanken über Gott und die Welt. Nehmen Sie sich einfach ein Beispiel an Naturvölkern, die fernab jeder Zivilisation, Wissenschaften und Religionen in aller Regel keine Zweifel an einer höheren Macht hegen. Leider haben jedoch zu viele in unserer zivilisierten Gesellschaft verlernt, auf ihre innere Stimme zu hören. Doch so etwas lässt sich durchaus auch wieder ins rechte Lot bringen.

Bedenken Sie bitte: Religionen brauchen zwar Gläubige, aber Gläubige brauchen keine Religionen! Jede Religion nimmt für sich in Anspruch, die einzig wahren und richtigen Botschaften zu vermitteln. Diesbezüglich übrigens eine unverkennbare Parallele zu politischen Parteien. Und genau aus diesem Grund haben sich auch unterschiedliche Religionen im Laufe der Geschichte, zum Teil sogar bis auf den heutigen Tag, mit allen Mitteln bekämpft. Mord und Grausamkeiten also im Namen eines göttlichen Schöpfers? Unfassbar und erschütternd zugleich!

Welche Argumente von ungläubigen Atheisten insbesondere gegen eine Existenz Gottes zu Felde geführt werden, darauf möchte ich im nächsten Kapitel näher eingehen.

Wer ´s glaubt wird selig, oder ...?

Mit diesem Spruch will man eigentlich genau das Gegenteil ausdrücken, nämlich erhebliche Zweifel an einer Behauptung oder dass man etwas für unsinnig hält. Insofern scheint mir diese Überschrift zum Thema Atheismus durchaus nicht unpassend.

Es gibt eine Reihe von bekannten Persönlichkeiten, die die Existenz eines göttlichen Schöpfers bezweifeln. Ich möchte mich hier jedoch nur auf einige Vertreter aus der Wissenschaft beschränken, an deren Klugheit und Intelligenz wohl keine grundsätzlichen Zweifel bestehen dürften. Nur ein paar sollen hier erwähnt werden, wie beispielsweise Peter Atkins, ein renommierter britischer Chemiker und Verfasser von Lehrbüchern, der eine Unverträglichkeit zwischen Wissenschaft und Religion konstatiert und sich mit der Thematik unter anderem auch in seinem Buch „Schöpfung ohne Schöpfer" auseinandergesetzt hat.

Für den französischen Philosophen, Schriftsteller und Religionskritiker Albert Camus, der 1957 den Nobelpreis für Literatur erhielt, bedeutete der Tod das absolute Ende, der wie das Leben selbst keinen Sinn habe.

Richard Dawkins, ein britischer Zoologe, Biologe und Schriftsteller, schließt zwar die Existenz Gottes nicht vollständig aus, schätzt aber die Wahrscheinlichkeit, dass er existiert, als sehr gering ein. In seinem Bestseller „Der Gotteswahn" vertritt er die Thesen, dass jeder Glaube an Gott irrational sei und dass Religion zu schwerwiegend negativen Folgen für die Gesellschaft führen kann.

Auch der Arzt und Tiefenpsychologe Sigmund Freud war ein Religionskritiker, der sich selbst sogar als einen Feind der Religionen bezeichnet haben soll.

Wohl einer der bekanntesten Wissenschaftler war zweifellos der britische Physiker Stephen Hawkins, der das Universum für grenzenlos hielt, das einfach vorhanden sei und grundsätzlich auch keines Schöpfergottes bedürfe.

Mit dem Philologen und Philosophen Friedrich Nietzsche, ein sich offen bekennender Atheist, der Gott sinngemäß als faustgrobe Antwort und Undelicatesse für Denker bezeichnet haben soll, möchte ich die kleine Auswahl an Religions- und Glaubenskritikern beenden.

Nicht unerwähnt bleiben soll allerdings, dass es durchaus auch namhafte Wissenschaftler gibt, die keine Zweifel an der Existenz eines göttlichen Schöpfers haben, wie beispielsweise die Physiker Isaac Newton, Max Planck und Werner Heisenberg. Auch Albert Einstein soll an die Existenz eines Schöpfers geglaubt haben, wenn auch nicht an einen persönlichen Gott.

Bleibt die Frage, wem man denn nun Glauben schenken soll, den Atheisten oder den Theisten. Fakt, wie bereits dargelegt, ist und bleibt nun mal ausnahmslos für alle Menschen, unabhängig vom jeweiligen Bildungs- und Wissensstand, dass niemand von uns einen Beweis oder Gegenbeweis für die Existenz eines Schöpfers zu erbringen vermag. Wäre es dann nicht am besten, sich überhaupt nicht mit derartigen Fragen näher zu befassen, wie es beispielsweise Agnostiker zu tun pflegen? Aber machen die es sich damit wiederum nicht doch zu einfach in einer Frage von derart elementarer Bedeutung? Darauf muss jeder eine Antwort für sich selbst finden. Mich würde es allerdings nicht zufriedenstellen. Existenziell bedeutende Fragen wie „Warum sind wir auf der Welt?", „Gibt es einen Gott?" oder „Was passiert mit unserem Geist, wenn wir sterben?" betreffen uns schließlich alle, zumal die Antworten darauf sich mehr oder weniger auch auf unser Verhalten im Leben auswirken. Insofern bedürfen sie für mich zumindest plausibler Erklärungen, wenn schon keine eindeutigen Beweise möglich sind.

Was spricht außer den Stimmen aus der Wissenschaft eigentlich sonst noch gegen eine göttliche Existenz? Hierzu ein paar Beispiele:

Zum einen sicherlich, dass wir Menschen Gott mit unseren Sinnen nicht wahrnehmen können. „Ich glaube nur an das, was ich selbst sehen, hören, fühlen, riechen oder schmecken kann", so könnte man es salopp formulieren.

„Wenn es einen Gott gibt, warum lässt er dann so viele Ungerechtigkeiten zu?", fragen sich zudem viele, durchaus nachvollziehbar, denn während der eine jung, schön, reich und gesund sein Leben in vollen Zügen genießt, fristet ein anderer als armer, alter und gebrechlicher Mensch ein elendes Dasein.

„Wenn es einen Gott gibt, warum lässt er dann zu, dass unser Planet Erde, den er doch erschaffen haben soll, derart ausgebeutet und unsere Umwelt dermaßen beschädigt und zerstört wird?", hört man andere klagen. Auch das spricht – zumindest auf den ersten Blick - nicht gerade für die Existenz eines göttlichen Schöpfers.

„Wenn es einen Gott gibt, warum lässt er dann so viel Hunger, Leid und Elend an seinen Geschöpfen zu?", fragen sich wiederum andere. Wer wollte es ihnen verdenken?

Auch wenn man sicherlich noch mehr Gegenargumente anführen könnte, hoffe ich, zumindest die am meisten verbreiteten erwähnt zu haben. In den nächsten Kapiteln werde ich auf diese Fragen im Einzelnen näher eingehen und Ihnen dazu möglichst plausible Antworten vermitteln.

Warum zweifeln viele Wissenschaftler an Gott?

Dafür gibt es sicherlich eine Reihe von Gründen, aber einfach etwas unterstellen möchte ich natürlich keinem von ihnen. Deshalb hierzu nur ein paar grundsätzliche Anmerkungen.

Renommierte Wissenschaftler sind in der Regel starke Persönlichkeiten, die von sich, von ihrem Wissen und ihren Fähigkeiten in hohem Maße überzeugt sind. Schließlich dringen sie mit ihren Forschungsarbeiten immer weiter in die Geheimnisse des Universums und der Materie ein. Aus ihrem Wirken resultiert letztlich unser technischer Fortschritt. Seien wir also grundsätzlich froh und dankbar, dass es solche Menschen gibt.

Eine Persönlichkeit machen allerdings neben ihren fachlichen insbesondere auch menschliche Qualitäten aus, und daran hapert es zumindest bei dem einen oder anderen Wissenschaftler. Manche fühlen sich ihren Mitmenschen zum Teil weit überlegen und präsentieren ihre Erkenntnisse mit gehöriger Arroganz und Überheblichkeit als das Maß aller Dinge. So etwas kann man durchaus auch schon bei so manchem Arzt feststellen, der alles zu wissen glaubt und sich über jeden Zweifel oder gar über Kritik völlig erhaben fühlt. Stichwort: „Götter oder Halbgötter in weiß!" Wer von uns kennt keinen? Nur der Vollständigkeit halber: Solche Menschen gibt es natürlich in jedem Beruf.

Dass sich auch Gelehrte irren können, ist eine Binsenweisheit, wie uns eindrucksvoll die Geschichte zeigt. Hierzu nur ein simples Beispiel: Lange Zeit glaubten die Menschen, die Erde sei eine Scheibe, über der die Gestirne ihre Bahnen zogen, bis diese Ansicht der Erkenntnis wich, dass die Erde eine Kugelform im Zentrum des Universums besitze, um die sich die Planeten und die Sonne drehe. Irgendwann wurde auch das wissenschaftlich widerlegt und die Sonne zutreffenderweise als Zentrum unseres Sonnensystems deklariert. Jedem, der zur damaligen Zeit Zweifel am jeweiligen Stand der Wissenschaft hegte, drohte nicht nur Hohn und Spott, sondern mitunter auch Gefahr für

Leib und Leben. Die Liste solcher Irrtümer ist in allen wissenschaftlichen Disziplinen endlos lang, was im Umkehrschluss bedeutet, dass das, was heute noch scheinbar unumstößlich in Stein gemeißelt ist, sich morgen schon durch entsprechenden Erkenntnisfortschritt durchaus als unzureichend oder unzutreffend erweisen kann.

Eigentlich sollte man meinen, dass Wissenschaftler im Hinblick darauf, dass sie immer tiefer in die Natur und Materie einzudringen und ihnen immer mehr faszinierende Geheimnisse zu entlocken vermögen, an einer genialen Schöpfung keinen Zweifel hegen und sich viel mehr in Demut und Bescheidenheit üben sollten. Doch manche unter ihnen tun sich offenbar schwer mit einer noch größeren geistigen Existenz als der ihren. Friedrich Nietzsche scheint mir hierfür kein schlechtes Beispiel zu sein (siehe voriges Kapitel).

Wissenschaftler, die große Karriere machen und internationales Ansehen erringen wollen, können diese Ziele zudem nur erreichen, wenn sie sich vom jeweiligen Erkenntnisstand und damit von ihren Kollegen mit Aufsehen erregenden neuen Erkenntnissen und Thesen abheben. Das erklärt zum Beispiel auch, dass es zu jedem Thema viele gegenteilige wissenschaftliche Behauptungen und Thesen gibt, wie alleine der aktuell in aller Munde befindliche Klimawandel eindrucksvoll belegt. Insofern erregt auch ein Wissenschaftler, der den Glauben an einen Schöpfergott als unwahrscheinlich oder unzutreffend darstellt und dies mit spektakulären Thesen zu begründen versucht, natürlich weitaus mehr Aufsehen als einer, der sich hierzu nicht äußert oder sich einfach zum Glauben bekennt. Nichts spektakulär Neues, und das haut nun mal keinen vom Hocker.

Eines sollte man manchen Atheisten jedoch zugute halten: Ihre Kritik richtet sich oftmals eher gegen religiöse Ansichten und Thesen als gegen eine grundsätzliche göttliche Existenz, wenn auch keine persönliche, wie es Albert Einstein formuliert hatte (siehe vorheriges Kapitel).

Zugegeben, auch ich tue mich schwer mit der biblischen Schöpfungsgeschichte, nach der der liebe Gott die Welt in sechs Tagen erschaffen und sich am siebten Tag ausgeruht haben soll. Eine wunderschöne Geschichte, die bei ihrer Entstehung sicherlich dem damaligen Verständnis geschuldet war und daher nach heutigen Erkenntnissen allenfalls im übertragenen Sinne zu verstehen ist. Ich selbst habe weder grundsätzliche Zweifel an der Urknalltheorie als Erklärung für die Entstehung des Weltalls noch an der Evolutionstheorie von Charles Darwin, ohne beides jedoch umfassend beurteilen zu können, um ehrlich zu sein. Doch diese Theorien erscheinen mir zumindest nicht unlogisch. Zudem, selbst Charles Darwin und Georges Lemaître als Begründer der Urknalltheorie sahen in ihren Erkenntnissen keinen grundsätzlichen Widerspruch zu einer göttlichen Existenz.

Warum gibt sich Gott uns nicht zu erkennen?

Die Frage ist durchaus berechtigt, denn einen göttlichen Schöpfer kann ein Mensch mit seinen Sinnesorganen nun mal nicht wahrnehmen. Man kann ihn weder sehen, noch hören, noch fühlen, riechen oder schmecken. Aber ist denn im Umkehrschluss ansonsten alles, was wir wahrnehmen, auch tatsächlich wahr? Auch hierzu ein simples Beispiel: Nehmen wir an, Sie beobachten ein Gewitter und sehen einen Blitz am Himmel, dem zirka zehn Sekunden später ein Donner folgt. Sind das etwa zeitversetzte Ereignisse? Nein, wie wir alle wissen. Der Zeitunterschied, den wir wahrnehmen, resultiert aus den unterschiedlichen Geschwindigkeiten von Licht und Schall. Während das Licht des Blitzes mit einer schier unglaublichen Geschwindigkeit von 300.000 Kilometern pro Sekunde auf uns zurast und damit sozusagen augenblicklich von uns wahrgenommen wird, dringt der Schall des Donners, der beim Einschlag des Blitzes entsteht, im Vergleich dazu fast im Schneckentempo von etwa 340 Metern pro Sekunde an unsere Ohren, wobei aber auch das immer noch einer enormen Geschwindigkeit von über 1.200 Kilometern pro Stunde und damit mehr als der Reisegeschwindigkeit von vielen Verkehrsflugzeugen entspricht. Dass man aus den unterschiedlichen Laufzeiten für Licht und Schall die Entfernung des Gewitters ermitteln kann, ist sicherlich jedem bekannt. In unserem Beispiel wären das 10 s x 340 m/s, also etwa 3,4 Kilometer.

Zum besseren Verständnis vielleicht noch eine Frage. Ist denn alles, was wir nicht wahrnehmen, auch nicht existent? Auch hierzu ein Beispiel. In dem Moment, in dem Sie das hier lesen, sind sie von elektromagnetischen Feldern und elektrischen Signalen förmlich umzingelt und durchdrungen, ohne davon etwas bewusst wahrzunehmen, weil Ihnen dazu der richtige körpereigene Empfänger fehlt. Mit TV-Gerät, Radio, Smartphone, PC, Funkgerät etc. sollte es dagegen problemlos funktionieren, womit auch ein entsprechender Beweis für das ansonsten nicht Wahrnehmbare erbracht werden kann. Fehlt uns also für den Beweis einer göttlichen Existenz „nur" eine Art Empfänger für den Gottesfunk? Als technisches Gerät auf jeden Fall. Ich fürchte allerdings, dass eine derartige Entwicklung selbst den genialsten Erfindern nicht gelingen dürfte. Zum Glück brauchen wir so etwas auch nicht, wie einigen der im Anhang aufgeführten Literaturquellen zu entnehmen ist. Unter anderem ist demnach unser Geist nicht nur mit unserem Gehirn, sondern auch mit Gott über den so genannten Gottesfunken verbunden. Das Problem ist allerdings, dass diese Verbindung von unserem Ego permanent und massiv zu beeinträchtigen und zu stören versucht wird. Dem Ego gelingt es so immer wieder sehr erfolgreich, unsere Aufmerksamkeit, unsere Wünsche und Sehnsüchte vordringlich auf irdische Freuden zu lenken und zu konzentrieren. Gefühle wie Nächstenliebe, Rücksichtnahme, Fairness, Mitgefühl, Hilfsbereitschaft und vieles mehr gegenüber unseren Mitmenschen werden dagegen nicht selten zu verdrängen versucht. Unser Gewissen kann man sich im Prinzip wie eine Art Sicherung vorstellen, die uns vor charakterlichen Schwächen und Fehlern (Sünden) bewahren soll. Allerdings, wie hinlänglich bekannt ist, kann man Sicherungen auch überbrücken.

Und genau das tut unser Ego liebend gerne. So, wie man bei einer technischen Anlage durch Überbrücken von Sicherungen unter Umständen großen und nicht selten sogar irreparablen Schaden verursachen kann, so kann man das unter Missachtung der Warnsignale des Gewissens auch in Bezug auf seine Psyche und seinen Körper. Darauf werde ich an anderer Stelle noch einmal zurückkommen.

Zurück zum Problem der fehlenden Wahrnehmung eines Schöpfergottes. In der Bibel steht sinngemäß geschrieben, dass wir uns kein Bild von Gott machen sollen. Aber warum denn nicht, werden sich einige sicherlich fragen, wo doch Gott über Jahrhunderte hinweg in zahlreichen Darstellungen meist als weiser alter Mann mit Bart und langen grauen Haaren abgebildet wurde. Obwohl ich gestehen muss, dass ich derartigen Darstellungen durchaus etwas abgewinnen kann, ist mir jedoch bewusst, dass jedes Gottesbild grundsätzlich falsch sein muss, weil es einen materiellen Körper zeigt, während Gott als reiner Geist ohne körperliche Hülle zu verstehen ist. Auch hierzu hilft zum besseren Verständnis ein Beispiel: Ein Gedanke, eine Idee oder ein Gefühl ist „nur" eine körperlose und damit für andere nicht wahrnehmbare Art geistiger Energie. Wer von uns wollte ernsthaft an der Existenz von Gedanken und Gefühlen zweifeln? Warum dann aber ausgerechnet bei Gott?

Geistige Eingebungen können natürlich auch in Form eines Textes, eines Bildes, einer Skulptur oder einer Melodie etc. materialisiert und damit zumindest indirekt für Dritte wahrnehmbar gemacht werden. Aber darin spiegelt sich vordringlich die subjektive Wahrnehmung des Künstlers wieder, so wie bei Gottesbildern auch. Dem so entstandenen (Kunst)Werk sieht übrigens auch niemand unmittelbar an, dass es von einem irdischen Schöpfer gestaltet wurde, aber sicherlich würde niemand wohl ernsthaft daran zweifeln wollen. Warum aber glauben viele Menschen dann ausgerechnet angesichts eines in jeder Beziehung ebenso einzigartigen wie höchst komplexen Meisterwerkes namens Universum mit all seinen Geschöpfen, dass das alles rein zufällig aus dem Nichts entstanden sein könnte? Entbehrt das nicht jeder Logik? Müsste insbesondere das Universum nicht viel mehr die Handschrift eines alles überragenden Meisters tragen? „Von nichts kommt nichts!", heißt es schließlich nicht umsonst. Aus welchen Gründen sollten wir dann allen Ernstes annehmen, dass das Universum einfach so aus dem Nichts entstanden ist oder schon immer da war? Eine wahrhaft unglaubliche Logik, so scheint es mir jedenfalls!

Aber warum versteckt sich Gott bloß vor uns Menschen?, mag sich der eine oder andere vielleicht fragen. Doch tut er das auch wirklich? Dazu noch etwas mehr in den nächsten Kapiteln. Zudem, glauben Sie tatsächlich, sein Erscheinen würde etwas am Unglauben vieler Menschen ändern? Wie würden Sie darauf reagieren, wenn sich Ihnen jemand beispielsweise etwa so vorstellen würde: „Guten Tag, ich bin der liebe Gott!"

Sicher, er könnte natürlich auch die abenteuerlichsten Wunder vollbringen. Und dann? Würde man ihn dann nicht eher für einen genialen Magier halten? Irdische Beispiele, die „die tollsten Zaubereien" zur Verblüffung ihrer Zuschauer zustande bringen können, gibt es bekanntlich zur Genüge. Gott könnte unter Umständen sogar Gefahr damit drohen, gerade so, wie sie Jesus vor langer Zeit erfahren hat. Und falls nicht, wie viele würden ihn dann wohl permanent darum bitten, ihnen Wohltaten am laufenden Band und geheimste Wünsche zu erfüllen? Gott live und in Farbe? Wie würde sich das letztlich auf das Verhalten vieler Menschen auswirken, wenn ihnen unverändert der freie Wille zur Verfügung stünde?

Falls Sie selbst Kinder haben sollten, würden Sie denen ein Leben lang jeden materiellen Wunsch erfüllen, ohne dass diese auch nur das Geringste selbst dazu beitragen müssten? Selbst wenn, wären es dann nicht von Ihnen völlig abhängige und lebensuntüchtige Marionetten? Würden Sie nicht doch eher und völlig zurecht damit argumentieren, dass Ihre Sprösslinge selbst und eigenverantwortlich ihr Leben meistern sollten? Und dieses Recht sollten wir fairerweise auch dem lieben Gott einräumen.

Warum lässt Gott Ungerechtig-keiten zu?

Jeder von uns stellt es jeden Tag aufs Neue fest: Es gibt offenbar keine Gerechtigkeit auf Erden! Während den einen das Glück förmlich zu erschlagen scheint, ist ein anderer offensichtlich permanent vom Pech verfolgt. Gesundheit, Schönheit, Reichtum, Ruhm, Erfolg und vieles mehr scheinen alles andere als gerecht verteilt zu sein. Warum ist das so, wenn es doch einen gütigen und gerechten Gott geben sollte?, fragt sich wohl so mancher von uns.

Nun, zum einen hinken derartige Vergleiche, und zwar deshalb, weil wir dabei nur einen bestimmten Zeitraum oder Lebensabschnitt im Visier haben. Würde man dagegen das ganze Leben eines Menschen von der Geburt bis zu seinem Tod, sozusagen in einem posthumen Vergleich, heranziehen, dann würde man sicherlich feststellen, dass niemand immer nur auf der Sonnenseite des Lebens steht, ebenso wenig wie stets auf der Schattenseite. Zumindest ist mir keiner bekannt.

Selbst wenn, stellt sich die Frage, ob wir tatsächlich nur ein einziges Leben hier auf der Erde verbringen, wie uns christliche Religionen zu vermitteln versuchen, obwohl der Reinkarnationsgedanke bis ins 6. Jahrhundert auch Bestandteil des Christentums war und erst 553 im Konzil von Konstantinopel verbannt wurde. Warum wohl? Na ja, immerhin hat die christliche Kirche seitdem so etwas wie ein Monopol auf die Seelen ihrer Schäfchen und schafft mit der Beichte, gleichbedeutend mit einer Lizenz zum Vergeben von Sünden durch göttliches Bodenpersonal, eine starke Abhängigkeit zur Kirche. Viele Jahrhunderte hat das auch sehr erfolgreich funktioniert und dem Opferstock sehr gut getan. Doch das hat sich etwa seit Mitte des vorigen Jahrhunderts dramatisch verändert. Aus der Kirche auszutreten ist heutzutage fast schon „In". Gerne werden hierfür auch die zweifellos höchst verwerflichen Missbrauchskandale als Argument aufgeführt, während man das in vielen Fällen wohl eher maßgebende Einsparen der Kirchensteuer liebend gerne verschweigt. Kirchenaustritte wegen Missbrauchsskandalen sind selbstverständlich nachvollziehbar, doch derartige Verfehlungen sind nicht nur in der Kirche, sondern leider auch in vielen anderen Bereichen, in Betreuungseinrichtungen, Vereinen und Verbänden beispielsweise, zu verzeichnen. Treten wir auch dort überall so konsequent aus? Warum wohl nicht? Aus Angst vor Konsequenzen vielleicht? Heuchelt so mancher etwa mit seinem Kirchenaustritt letztlich nur Moral? Eine Antwort darauf überlasse ich Ihnen.

Zurück zum christlichen Glauben. Sinken wir tatsächlich für eine gefühlte Ewigkeit ins Grab, bis zum Jüngsten Tag, bis zu unserer Auferstehung und Aburteilung vor dem Jüngsten Gericht, das den Guten den Himmel und den Bösen die Hölle für immer beschert? So wurde es vielen von uns jedenfalls schon von Kind an vermittelt. Ach ja, der mehr oder weniger lange Aufenthalt im Fegefeuer für alle diejenigen, die irgendwo dazwischen angesiedelt sind, darf natürlich nicht unerwähnt bleiben.

Tut mir leid, aber so etwas vermag ich selbst als noch immer Kirchensteuern zahlender Katholik einfach nicht zu glauben. Auch eine Auferstehung von Körper, Geist und Seele als Einheit will mir einfach nicht in den Sinn kommen, denn dass unser Körper nach dem Tod im Grab verwest oder anderweitig „entsorgt und recycelt wird", daran gibt es wohl für niemand einen Zweifel. Aber was ist mit unserem Geist und unserer Seele? Sofern die beiden für immer untrennbar mit unserem Körper verbunden wären, wären auch sie dahin, um es mal salopp zu formulieren. Doch genau das stellen einige Wissenschaftler wie beispielsweise der niederländische Kardiologe Dr. Pim van Lommel infrage, der aufgrund von Studienergebnissen davon ausgeht, dass unser Geist beziehungsweise unser Bewusstsein nicht zwingend in unserem Gehirn angesiedelt sein muss, sondern lediglich während unseres irdischen Daseins mit diesem gekoppelt zu sein scheint. Das wäre übrigens auch eine logische Erklärung für zahlreiche außerkörperliche Wahrnehmungen sowie für Nahtoderfahrungen und Nachtodkontakte. Hierauf möchte ich allerdings in diesem Buch nicht näher eingehen, sondern diesbezüglich auf meine beiden Ratgeber „Glauben ist nicht doof" und „Das Glück hat seinen Preis" sowie auf meine Romane mit entsprechender Thematik verweisen, die im Anhang kurz vorgestellt werden. Darin ist ausführlich beschrieben, warum man sich von der Vorstellung frei machen sollte, dass es für uns oder besser gesagt für unsere Geistseele nur eine irdische Existenz geben soll, wie es christliche Religionen im Gegensatz zum Hinduismus und Buddhismus verbreiten. Vertreter dieser Glaubensrichtungen gehen stattdessen von mehreren irdischen Existenzen und damit von einer Reinkarnation und den damit verbundenen Karmagesetzen aus.

Um es hier zumindest kurz, einfach und anschaulich zusammenzufassen: Für die meisten Geistseelen ist eine irdische Existenz etwa mit einem Klassenaufenthalt in einer Schule zu vergleichen, in der Anforderungen und Aufgaben, durchaus auch noch resultierend aus Verfehlungen in Vorleben, zu erfüllen und Prüfungen zu bestehen sind. Nur wer sein Leben in diesem Sinne meistert, hat sein irdisches Klassenziel erreicht und kann nach dem körperlichen Tod als Geistwesen irgendwann wieder in die nächst höhere Klasse versetzt werden, was eine erneute Reinkarnation in einer anderen körperlichen Hülle unter grundsätzlich besseren Voraussetzungen, aber auch mit noch höheren Anforderungen, zur Folge haben kann. Und die Sitzenbleiber? Nun, die müssen die Klasse mit ihren Anforderungen halt in einer anderen körperlichen Hülle noch einmal wiederholen, gerade so, wie in einer normalen Schule auch.

Auf diese Thematik werde ich an anderer Stelle noch einmal zurückkommen.

Worauf ich damit letztlich hinaus will: Wir tragen unter anderem vermutlich auch Versäumnisse, Fehler und ungetilgte Schuld aus Vorleben mit uns herum, die es während unserer derzeitigen irdischen Existenz zu tilgen gilt. So gesehen könnte selbst die Betrachtung eines ganzen irdischen Daseins keinen umfassenden Überblick zur Beurteilung von (scheinbaren) Ungerechtigkeiten liefern.

Warum verhindert Gott nicht Kriege, Zerstörung, Leid und Grausamkeiten?

Wenigstens das könnte der liebe Gott doch verbieten, denkt sich so mancher von uns sicherlich. Wünschenswert wäre das durchaus auch aus meiner Sicht, um ehrlich zu sein. Aber dann dürften wir Menschen auch über keinen freien Willen verfügen, der uns beispielsweise die Wahl lässt, ob wir mit einem Messer eine Scheibe Brot abschneiden oder einen Menschen töten wollen, aus welchen Gründen auch immer. Zugegeben, ein sehr drastischer Vergleich, der allerdings das grundsätzliche Problem sehr anschaulich vermittelt. Wir haben bei allem, was wir tun oder lassen, die Wahl, so oder so. Allerdings müssen wir dann auch mit den entsprechenden Konsequenzen leben. Hier auf der Erde also mit einem Urteil der irdischen Gerichtsbarkeit. Doch manchen Kriminellen gelingt es bekanntlich, durch die Maschen des Gesetzes zu schlüpfen. Was ist denn mit denen?

Glück gehabt, möchte man spontan darauf antworten. Aber ist das tatsächlich auch so? Nein, denn unserem freien Willen steht unser eingeprägtes Gewissen gegenüber, vergleichbar mit einem Sicherungselement in einer elektrischen Anlage, das uns vor falschen, im Sinne von unredlichen, Entscheidungen warnt. Das hatte ich bereits an anderer Stelle erwähnt.

Uns wie eine elektrische Anlage im Fehlerfall stilllegen, das tut unser Gewissen allerdings nicht. Warum nicht? Ganz einfach, wir können unser Gewissen umgehen, so wie man auch eine elektrische Sicherung überbrücken kann. Das kann zwar noch eine ganze Weile gut gehen, aber mittel- und langfristig zu schwersten Schäden bis hin zum Totalausfall führen.

Gleiches blüht uns und unserem Körper auch bei permanenten Gewissensverstößen Selbst ein Sünder, dem es möglicherweise gelingt, durch die Maschen des Gesetzes zu schlüpfen, vermag sein Gewissen nicht dauerhaft abzuschütteln. Zudem, nicht jedes moralische Vergehen ist auch ein Vergehen im rein rechtlichen Sinn. Mit anderen Worten: Wer versucht, das Gewissen zu überhören oder zu überlisten, dem mag das durchaus auch für lange Zeit gelingen, aber der ungelöste innere Konflikt wird über kurz oder lang unweigerlich negative Folgen auf Körper, Geist und Seele haben und vermag schwerste physische und psychische Störungen und Krankheiten auszulösen, die trotz aller medizinischen Fortschritte unheilbar bleiben können.

„Nur in einem gesunden Körper ruht auch ein gesunder Geist!", heißt es nicht umsonst. Meiner festen Überzeugung nach müsste man es dagegen eher umgekehrt ausdrücken. Etwa so: „Nur ein gesunder - im Sinne von reiner und gewissenhafter - Geist bietet die Gewähr für einen gesunden Körper!" Wundern Sie sich nicht auch zuweilen darüber, wenn Sie oder andere, von schweren körperlichen Krankheiten Betroffene, trotz bestmöglicher medizinischer Behandlung mit Therapien, Medikamenten und Operationen einfach nicht die gewünschte Heilung erfahren? Das ist leider die Folge, wenn Menschen nur unter rein medizinischen Aspekten unter Vernachlässigung möglicher seelisch-geistiger Defekte behandelt werden.

Untaten jeder Art, körperliche und seelische Gewalt, Totschlag, Mord und Grausamkeiten bis hin zu Völker vernichtenden Kriegen können aufgrund des freien Willens der jeweiligen Verursacher leider nicht oder nur dann verhindert werden, wenn andere im Rahmen ihrer Möglichkeiten versuchen, dem entgegenzuwirken. Insofern ist jeder Einzelne von uns tatsächlich auch gefordert, nicht nur eigene Untaten zu vermeiden, sondern auch die von anderen zu verhindern, soweit er das zu erkennen und zu beeinflussen vermag. Wer dies dennoch bewusst oder grob fahrlässig umgeht, still schweigend duldet oder einfach wegschaut, macht sich letztlich also in einem gewissen Umfang mitschuldig.

Machen wir es uns daher also zu einfach, wenn wir stattdessen den lieben Gott für alles Leid der Welt verantwortlich machen wollen? Ich möchte diese Problematik gerne an folgendem Beispiel verdeutlichen: Nehmen wir an, Sie haben drei Kinder, die gleichermaßen eine bestmögliche Erziehung und Ausbildung genossen haben. Zwei Ihrer Kinder führen auch als Erwachsene ein redliches Leben, während das dritte Kind auf die schiefe Bahn gerät und selbst vor den schlimmsten Untaten nicht zurückschreckt. Was würden Sie sagen, wenn andere Sie dafür verantwortlich machen und Ihnen vorwerfen würden, dass Sie das auf jeden

Fall hätten verhindern müssen? „Wie sollte ich das denn anstellen, schließlich ist mein Kind volljährig und damit für seine Taten auch selbst verantwortlich", würden Sie wohl darauf antworten. Übertragen auf Gott und seine Menschenkinder wäre das genau das Gleiche. Wir Menschen sind es nun mal, die Untaten aufgrund unseres freien Willens, unter Missachtung von Skrupeln oder Gewissensbissen, begehen und den lieben Gott dafür verantwortlich machen wollen, wenn der damit verursachte Schaden uns selbst betrifft. Das ist jedoch weder fair noch logisch!

Was passiert, wenn wir sterben?

Gute Frage, denn schließlich ist noch keiner von den Toten wieder auferstanden. Wirklich keiner? Und was ist mit Jesus, den man vor über zweitausend Jahren gekreuzigt hat und der drei Tage nach seinem Tod wieder auferstanden ist? Übrigens, nicht nur in der Bibel ist davon zu lesen. Zugegeben, auch das muss man nicht glauben, und über die Frage, ob Jesus nur ein ganz normaler, von Gott inspirierter Mensch oder Gottes Sohn oder der im Körper von Jesus inkarnierte Gott höchstpersönlich war, ließe sich trefflich streiten. Wie auch immer, könnte die Visualisierung von Jesus in (s)einem leiblichen Körper nach seinem körperlichen Tod nicht doch ein Beleg oder zumindest ein Indiz dafür sein, dass es keinen geistigen Tod gibt?

Was spricht sonst noch für ein Leben nach dem Tod? Über vier Prozent der Bevölkerung alleine in Deutschland haben Angaben zufolge schon so genannte Nahtoderfahrungen gemacht. Die meisten davon infolge von schweren Krankheiten oder Unfällen, bei denen sie sich selbst außerhalb ihres Körpers und nicht selten auch ein göttliches Wesen beziehungsweise Verstorbene in einem feinstofflichen Körper wahrnehmen konnten, der ihrem ursprünglichen menschlichen Körper entsprach.

Es gibt darüber hinaus viele Menschen, die Verstorbene mit ihren eigenen Augen wahrnehmen konnten, nicht selten dann, wenn es ein Angehöriger, ein Freund oder ein Bekannter war, der plötzlich oder völlig unerwartet verstorben ist. Derartige Erfahrungen werden unter dem Begriff Nachtodkontakte subsumiert.

War die Auferstehung von Jesus nach seinem Tod nicht auch eine Art Nachtodkontakt für diejenigen, denen er erschienen ist? Wie auch immer, wenn sowohl der biblische Kreuzestod als auch zig Millionen Nahtoderfahrungen und Nachtodkontakte weltweit keine Lügenmärchen sein sollten, was ich alleine schon aufgrund der sehr hohen Anzahl und dem erstaunlich hohen Maß an Übereinstimmungen für äußerst unwahrscheinlich halte, dann spricht das meines

Erachtens zumindest deutlich für ein geistiges Weiterleben nach dem Tod. Einer Logik würde es jedenfalls nicht entbehren. Außerdem, warum sollten derartige Erfahrungen in einer unglaublich hohen Anzahl weniger zählen als häufig unverständliche Thesen und Behauptungen einiger atheistischer Wissenschaftler?

Was ist der Sinn des Lebens?

Warum sind wir denn eigentlich auf der Welt, oder was ist der Sinn des Lebens? Solche Fragen haben sich sicherlich schon viele von uns gestellt, meistens wohl dann, wenn es mal nicht so gut läuft in unserem Leben, wenn wir Probleme, Kummer oder Sorgen haben und Leid ertragen müssen. Aber auch das gehört nun mal zum Leben, selbst wenn wir liebend gerne darauf verzichten würden. Aus unseren Fehlern sollen wir bekanntlich lernen und aus Schaden klug werden. Nur Binsenweisheiten? Nein, denn es sind erfahrungsgemäß oft mehr oder weniger große Schicksalsschläge, die uns im Leben letztlich weiter- oder wieder auf die richtige Spur zurückbringen.

Wer derartige Sinnfragen an seine Mitmenschen stellt, erhält in der Regel überhaupt keine oder eher selten plausibel klingende

Antworten. Auch selbst steht man diesbezüglich meistens vor einem unlösbaren Rätsel. Ausgenommen davon sind bestenfalls die so genannten Wunderkinder, die schon von frühester Kindheit an über herausragende Fähigkeiten in einer bestimmten Disziplin verfügen, sei es im Bereich der Kunst, der Wissenschaft, in sportlicher Hinsicht oder wo auch immer. Sie leben und sterben förmlich für ihre Leidenschaft. Davon kann Otto Normalverbraucher leider nur träumen. Doch wo liegt für den Rest der Welt der Lebenssinn?

Ich will versuchen, es zumindest in geraffter Form etwas näher zu erläutern, ohne allzu weit dabei auszuholen. Leider macht es das aber gerade sehr schwierig, denn ich müsste dafür eigentlich zurückgehen bis zur Erschaffung der ersten Geistwesen, lange vor einer Inkarnation in einem menschlichen Körper. Diesbezüglich kann ich in der gebotenen Kürze jedoch nur auf die Literaturhinweise weiter hinten im Buch hinweisen. Demnach verbindet sich ein Geistwesen bei der Geburt eines Menschen mit dessen Körper und verlässt ihn wieder, wenn der betroffene Mensch stirbt. Aber wohin geht der Geist oder die Geistseele dann? Wenn man der genannten Literatur Glauben schenken darf, dann zieht er zunächst im Jenseits selbst Bilanz über sein letztes irdisches Dasein. Ein Lebensfilm läuft vor ihm ab, in dem er alle Situationen, in denen er Fehler gemacht, anderen Schaden zugefügt oder völlig versagt hat, nochmals nachempfindet, und das nicht nur aus eigener Sicht, sondern auch unter dem Blickwinkel all derer, denen er damit Unrecht, Schaden oder Leid zugefügt hat. Anstelle eines Jüngsten Gerichts durch Gott also eine Selbsterkenntnis und -bewertung. Sozusagen ein Abgleich zwischen Soll und Ist mit dem eigenen Gewissen als Maßstab. Mit anderen Worten, wer im Leben immer Warn- und Alarmsignale seines Gewissens überhört oder sich bewusst darüber hinweggesetzt hat, wird davon spätestens im Jenseits wieder eingeholt.

Wer sein Lebenssoll dagegen erfüllt hat, der wird auf neue, im Sinne von höhere, Aufgaben und Prüfungen in einer weiteren stofflichen Existenz vorbereitet, entweder als Mensch wieder hier unten auf der Erde oder in einer anderen Form auf einem anderen Platz irgendwo im schier unendlich großen Universum.

Diejenigen aber, die ihre Lebensziele nicht erreicht haben, erhalten dafür eine neue Chance in einer weiteren irdischen Inkarnation. Wer anderen zu Lebzeiten Schmerzen oder sonstiges Leid zugefügt hat, wer rücksichtslos, skrupellos oder grausam zu anderen war, der muss befürchten, Gleiches oder Ähnliches entweder selbst am eigenen Leib zu erfahren, oder er muss seine Schuld in anderer Form, beispielsweise durch ein besonderes Engagement zum Wohle seiner Mitmenschen, tilgen.

Doch völlig unvorbereitet wird offenbar keine Geistseele in eine neue stoffliche Existenz entlassen. Vielmehr gilt es, zuvor eine geeignete Lebenssituation beziehungsweise ein geeignetes Umfeld für die Bewältigung der zu absolvierenden Prüfungen und Aufgaben zu finden. Unser Geistwesen erstellt mit entsprechender Unterstützung für sich selbst einen so genannten Lebensplan, der die wesentlichsten oder wichtigsten Meilensteine einer neuen stofflichen Existenz beinhaltet. Erst dann kann eine erneute Inkarnation erfolgen. Neues Spiel, neues Glück, sozusagen.

Mit der neuen stofflichen Existenz ist jedoch eine bewusste Erinnerung an ein Vorleben nicht mehr möglich, was wohl auf die allermeisten von uns zutrifft, obwohl es auch Menschen geben soll, denen so etwas möglich zu sein scheint. Es gibt zudem auch medial begabte Menschen, die ihre Dienste für eine professionelle Rückführung anderer in ein oder mehrere Vorleben anbieten.

Eine Sperre für Erinnerungen an Vorleben erscheint mir durchaus sinnvoll und logisch. Warum? Ganz einfach, man stelle sich vor, man wüsste, was für ein Sündenregister man aus der Vergangenheit mit sich herumträgt, was man alles erlebt und erlitten hat und wie man letztlich zu Tode gekommen ist. Ich kann mir beim besten Willen nicht vorstellen, dass so etwas in einer neuen Existenz psychisch überhaupt zu ertragen wäre.

Wenn Sie nach all dem, was hier in geraffter Form wiedergegeben wurde, jetzt heftig den Kopf schütteln und das Ganze als blühende Fantasie oder gar als Unsinn bewerten sollten, dann könnte es Ihnen zwar niemand verdenken. Doch kategorisch ausschließen kann es keiner von uns, ebenso wenig wie die Existenz eines göttlichen Schöpfers. So manches mag zwar ungewöhnlich klingen, aber keineswegs unlogisch. Und ebenso interessant wie spannend finde ich es allemal.

Setzt der Glaube an Gott ein Leben in Sack und Asche voraus?

Keineswegs, denn unser Schöpfer hat uns schließlich alle Voraussetzungen dafür mitgegeben, unser Leben zu genießen. Wir verfügen bekanntlich über Humor, können lachen und unseren Mitmenschen mit Empathie begegnen. Dazu gehört insbesondere auch unsere Fähigkeit zu lieben.

Liebe sollte sich allerdings nicht nur auf unsere Ehe- oder Lebenspartner, auf Verwandte, Freunde und Bekannte - und damit auf diejenigen, die wir besonders gerne mögen - beschränken, sondern grundsätzlich alle Lebewesen auf unserem Planeten mit einschließen. Auch diejenigen, die man nicht mag, die einem zuwider oder sogar spinnefeind sind. So ist auch das Unterdrücken negativer Gefühle sowie der Verzicht auf Hass, Rache und Gewalt dieser Klientel gegenüber durchaus eine Art von Liebe, die auch als leider oft falsch verstandene Feindesliebe bezeichnet wird. Eintracht, Harmonie und Frieden auf dieser Welt können jedenfalls nur damit erreicht werden. Doch nur wer sich selbst zu lieben vermag, mit all seinen Fehlern und Schwächen, ist auch in der Lage, Liebe im vorgenannten Sinne weiter zu verbreiten.

Gegen einen angemessenen Lebensstandard hätte der liebe Gott sicherlich auch nichts einzuwenden, sofern er nicht zu Lasten Dritter erkauft wurde.

Unter diesen Voraussetzungen wäre wohl allen Lebewesen auf unserem Planeten ein schönes und friedliches Zusammenleben möglich, wenn wir unserem Ego endlich Einhalt gebieten könnten, das viele immer wieder dazu verleitet, ihren materiellen Wünschen und Bedürfnissen rücksichtslos nachzugeben. Der tägliche Kampf um ein neues Goldenes Kalb ist es dagegen, der uns letztlich allen das Leben zur Hölle macht. Ich fürchte nur, es wird noch unendlich lange dauern, bis es auch „der letzte Mohikaner" begriffen hat. Was es mit dem Ego auf sich hat, darauf möchte ich im nächsten Kapitel noch etwas näher eingehen.

Warum ist das Ego unser Feind?

Da wir Menschen uns in der Regel als ein auf nur eine irdische Existenz begrenztes Wesen wahrnehmen, und nicht als ein unendliches Geistwesen, prägen uns unsere Erziehung und unsere Erfahrungen, insbesondere die aus unserer Kindheit. Wir übernehmen konkrete Vorstellungen und Wertmaßstäbe über uns selbst und unsere Mitmenschen. Daran orientieren wir uns in unserem Leben und glauben, nur durch Erfüllung dieser Bedingungen ein lebenswertes Dasein führen und für andere liebenswert sein zu können. Wir setzen daher alles daran, diese Anschauung, die uns scheinbar Sicherheit bietet, zu erhalten und notfalls mit allen Mitteln zu verteidigen. Die dabei häufig empfundene innere Leere löst jedoch ein starkes Bedürfnis nach Konsum und Vergnügen jeglicher Art aus, dem wir allzu gerne nachzugeben pflegen, allerdings ohne damit tatsächlich einen erhofften Langzeiteffekt zu erzielen.

Um diese Probleme lösen zu können, müssten wir uns von der Vorstellung unseres Selbst als eine Person mit einer einzigen irdisch begrenzten Lebenszeit trennen. Mit flotten Sprüchen wie „Man lebt nur einmal!" versuchen viele stattdessen, ihren egoistischen und meist anderen gegenüber rücksichtslosen Lebensstil zu rechtfertigen, worin sie von den davon nicht betroffenen Mitmenschen häufig sogar lauthals bestärkt und unterstützt werden, weil auch sie das gleiche Verhalten an den Tag legen und sich damit indirekt selbst rechtfertigen. Würden wir dagegen eine ewige Existenz als Geistwesen nicht kategorisch ausschließen, wovon grundsätzlich ja auch der christliche Glaube ausgeht, dann sollte doch eigentlich unser Bestreben während unseres irdischen Daseins sein, unser Verhalten vielmehr auf dieses endlose Dasein auszurichten. Bleiben wir doch einfach mal bei der Bibel, die uns je nach Ausmaß unserer Sünderkartei entweder einen ewigen Platz im Himmel oder in der Hölle beschert. Ersteres wäre man gerne geneigt zu glauben, während Letzteres genau diese Art von Glauben für viele verständlicherweise zunichte macht. Nennen Sie mir einen einzigen Menschen, dem es in seinem Leben, vom ersten bis zum letzten Atemzug, gelungen wäre, alles immer nur gut und richtig zu machen. Ich kenne jedenfalls keinen. Ist es daher nicht wesentlich logischer, unsere materielle Existenz so lange in so vielen materiellen Körpern optimieren zu müssen, bis wir den ersehnten Platz im Himmel endlich einnehmen dürfen, wie und woauch immer man sich diesen begehrenswerten Ort vorstellen mag. Und wenn es einen Schöpfergott oder meinetwegen einen himmlischen Vater gibt, glauben Sie allen Ernstes, er würde auch nur eines seiner Kinder für immer in der Hölle schmoren lassen? Würden wir etwa unseren Kindern, selbst wenn sie mehr oder weniger missraten sein sollten, etwas Derartiges antun wollen? Würden wir Ihnen nicht vielmehr immer wieder eine Chance geben wollen, um sich zu besinnen und zum Guten zu verändern? Und ausgerechnet dem lieben Gott will man ewige Lieblosigkeit unterstellen? Hätte das tatsächlich eine größere Logik als alles andere? Eine Antwort darauf müssen Sie sich schon selbst geben!

Das sollte uns im eigenen Interesse nicht davon abhalten, schon heute den richtigen Weg durchs Leben einzuschlagen und ihn konsequent bis ans Ende zu verfolgen. Das macht doch Sinn, oder was meinen Sie?

Und was soll ich jetzt glauben?

Gute Frage! Fassen wir daher zum Abschluss doch einfach mal die Möglichkeiten noch einmal stichwortartig zusammen:

- Sie schließen die Existenz eines göttlichen Schöpfers weiterhin kategorisch aus und weisen sich damit als überzeugter Atheist aus!

- Sie können sich weder dafür noch dagegen entscheiden und sind somit den Agnostikern zuzuordnen!

- Sie glauben im christlichen Sinne an eine einzige irdische Existenz und an eine Wiederauferstehung am jüngsten Tag. Sie gehören damit zu den gottesgläubigen christlichen Theisten!

- Sie halten den Reinkarnationsgedanken am wahrscheinlichsten und können sich als Gottesgläubiger durchaus mehr als eine irdische Existenz vorstellen!

Ich möchte zwar weitere Varianten nicht grundsätzlich ausschließen, mich aber in einer abschließenden Bewertung auf die vier vorgenannten Alternativen beschränken. Nur der weiterhin überzeugte Atheist wird sich um ein Weiterleben nach dem Tod, wo und in welcher Form auch immer, und die daraus resultierenden Konsequenzen, entsprechend seiner Logik wohl keine weiteren Gedanken machen.

Dem Agnostiker, der sich zumindest eine Option auf Gott offen hält, wäre alleine schon deshalb anzuraten, ein (ich nenne es einfach mal) gottgefälliges Leben zu führen. Gleiches gilt für die beiden anderen Alternativen, die sich aber vielmehr auch aus Überzeugung an göttlichen Vorgaben orientieren sollten.

Nachwort

Ich hoffe sehr, dass ich Ihnen ein paar möglichst plausibel und logisch klingende Antworten auf grundsätzliche Fragen zur Existenz Gottes geben und diesbezügliche Zweifel oder Bedenken ausräumen konnte. Es liegt jedoch ausschließlich bei Ihnen, ob und inwieweit Sie diese Argumente teilen können oder möchten.

Zweifel an der einen oder anderen Stelle kann Ihnen niemand verdenken. Auch ich bin nicht uneingeschränkt zweifelsfrei, um ehrlich zu sein, und spätestens bei der Frage „Woher kommt denn eigentlich der liebe Gott?" würde mir absolut keine Antwort einfallen. Vielleicht liegt es ja daran, dass wir Menschen über Begriffe wie unendlich oder immer und ewig zwar zu reden vermögen, uns aber dennoch keine richtige Vorstellung davon machen können. Ich jedenfalls nicht. So bleibt mir letztlich nur aufgrund vielfältiger Erfahrungen in meinem Leben sowie jahrzehntelanger Literaturstudien zu diesem Themenkomplex die logische Schlussfolgerung, dass für mich jedenfalls, unabhängig von einzelnen Zweifeln oder Bedenken, „unterm Strich" weit mehr für die Existenz eines göttlichen Schöpfers spricht als dagegen, was sich auch mit meinem rein intuitiven Empfinden deckt, das sich oft als weitaus klüger erweist als der nüchtern sachliche Verstand. Was die oben genannten Alternativen anbetrifft, erscheint mir die Reinkarnation in mehren irdischen, aber auch außerirdischen Existenzen irgendwo im unendlich weiten Universum bis hin zur reinen Existenz als Geistseele am wahrscheinlichsten. Daher bemühe ich mich zumindest, diesem Glauben, so gut es mir gelingt, wenigstens einigermaßen gerecht zu werden, wohl wissend, dass das noch lange nicht das Gelbe vom Ei ist. Leider!

Und wenn das alles doch nicht zutreffen sollte, was ich glaube, fragen Sie? Hätte ich dann in meinem Leben wirklich etwas Wichtiges versäumt? Etwas Materielles möglicherweise, aber um welchen Preis, womit ich keineswegs den Betrag in Euro oder in einer anderen Währung meine. Nein! Ich hätte zumindest ein Leben im Einklang mit mir selbst und mit meinem Gewissen geführt. Alleine das wäre es schon wert! Und letztlich kann keiner von uns etwas Materielles mitnehmen und etwas damit anfangen, weder der verwesende Körper im Sarg noch die Geistseele im Jenseits. Warum bedenken das nur so wenig Menschen?

Ich bin und bleibe, so oder so, ein Verfechter der goldenen Regel, die da lautet: „Was du nicht willst, dass man dir tu´, das füg auch keinem anderen zu!" Und noch ein weiser Spruch wie „Ein gutes Gewissen ist ein sanftes Ruhekissen!" bestätigt mich darin, dass dies alles in völliger Einstimmung zum Glauben an eine höhere Macht steht. Noch mehr Gründe dafür braucht es für mich jedenfalls nicht.

Meine hier beschriebene Art zu glauben, zu der ich leider erst relativ spät und nach den bereits erwähnten Studien und Recherchen - im stetigen Abgleich mit Plausibilitätskriterien beziehungsweise unter Berücksichtigung logischer Aspekte - gelangt bin, hat mir jedenfalls viel für mein weiteres Leben gegeben. Der Glaube hat mich gelehrt und lehrt mich noch immer, besser mit meinen Mitmenschen umzugehen, mehr Verständnis und mehr Mitgefühl für andere aufzubringen, auch wenn mir das nicht immer leicht fällt und mitunter noch immer in die Hose geht. Er hat mich gelehrt, mein

Schicksal zumindest leichter anzunehmen und meine Probleme so gut es geht zu meistern. Seitdem ich noch mehr auf die Signale meines Gewissens achte und mich gewissenskonform zu verhalten bemühe, fühle ich mich tatsächlich deutlich besser. Ich wage sogar anzunehmen, dass ich meine noch immer relativ gute körperliche Konstitution seit einundsiebzig Jahren, unter Vernachlässigung durchaus üblicher altersbedingter Einschränkungen, meinem Glauben und meinen Versuchen, diesem möglichst gerecht zu werden, verdanke. Mir ist dennoch vollkommen bewusst, dass sich mein körperliches Befinden jederzeit, auch massiv, verschlechtern kann. Alles andere wäre illusorisch. Doch wenn es so kommen sollte, dann hoffe ich zumindest, dass mein Glaube mich auch dieses Schicksal leichter annehmen oder etwas besser ertragen lässt.

Vor dem leiblichen Tod, oder besser gesagt vor dem Prozess des Sterbens, dem jeder von uns jeden Tag in seinem Leben unweigerlich näher kommt, habe auch ich Angst. Wer nicht? Keiner weiß schließlich, was man dabei erdulden, ertragen und erleiden muss. Doch eins stimmt mich im Glauben an ein Weiterbestehen meiner Geistseele über den körperlichen Tod hinaus tatsächlich hoffnungsvoll, nämlich die freudige Erwartung auf ein wie auch immer geartetes Wiedersehen mit längst verstorbenen Verwandten, Freunden und Bekannten, die Hoffnung auf interessante, spannende und hoffentlich auch schöne Erkenntnisse und Erfahrungen im Jenseits sowie in weiteren irdischen oder gar außerirdischen Existenzen. Alleine das erschien mir Grund genug zu sein, Ihnen meine Auffassungen in Buchform zu vermitteln. Vielleicht vermag ich Sie ja mit meiner Sicht der Dinge und mit meiner Art der „BeGeisterung" für Kommendes wenigstens ein bisschen anzustecken. Glauben Sie mir bitte, es würde auch Ihnen ganz bestimmt gut tun, ich meine schon jetzt, in Ihrem derzeitigen irdischen Dasein.

Literaturhinweise, Informationsquellen

Elisabeth Kübler-Ross: Über den Tod und das Leben danach; 38. Auflage, Verlag Silberschnur, Güllesheim 2009

Pim van Lommel: Endloses Bewusstsein – Neue medizinische Fakten zur Nahtoderfahrung; aktualisierte Taschenbuchausgabe 2018, Knaur Taschenbuch, München

Beat Imhof: Wohin unsere letzte Reise geht – Die Rückkehr in die jenseitige Heimat, 1. Auflage, Aquamarin Verlag, Grafing 2018

Markolf H. Niemz: Lucy mit c - Mit Lichtgeschwindigkeit ins Jenseits; 3. Auflage, Verlag Books on Demand, Norderstedt 2006

Blick in die Ewigkeit – die faszinierende Nahtoderfahrung eines Neurochirurgen; 13. Auflage; Ansata Verlag, München 2014

Helen Wambach: Leben vor dem Tod; Wilhelm Heyne Verlag, München 1980

James van Praagh: Jenseitsbotschaften, 14. Auflage, Goldmann Verlag, München 2000

Bill Guggenheim, Judy Guggenheim: Trost aus dem Jenseits; Verlagsgruppe Weltbild, Augsburg 2006

Ev. Kirche in Deutschland / Ev. Kirche in der DDR: Lutherbibel Standardausgabe, revidierte Fassung 1984, Biblia-Druck, Stuttgart 1985

Göltenboth Traugott (Hsrg.): Das Dritte Testament, Dritte unveränderte Auflage 2020, St. Goar, Reichl Verlag

Bücher der UNICON-Stiftung in 88709 Meersburg

- Reiseführer ins Licht, 2. überarbeitete Auflage; Offset Druckerei Pohland, Augsburg 2012
- Zusammenarbeit mit der geistigen Welt Gottes; Offset Druckerei Pohland, Augsburg 2012
- Schöpfung und Menschsein; Offset Druckerei Pohland, Augsburg 2013
- Inkarnationsziel Erde; Offset Druckerei Pohland, Augsburg 2014
- Lebensorientierung durch spirituelles Wissen, Offset Druckerei Pohland, Augsburg 2014
- Gott Vater, ich habe Fragen; Offset Druckerei Pohland, Augsburg 2015

- Vater mit Dir - der Weg der gelebten Liebe; Offset Druckerei Pohland, Augsburg 2018

Internet

www.nderf.org

Peter Atkins (Chemiker) – Wikipedia

Albert Camus – Wikipedia

Richard Dawkins – Wikipedia

Der Gotteswahn – Wikipedia

Sigmund Freud – Wikipedia

Stephen Hawking – Wikipedia

Friedrich Nietzsche – Wikipedia

Albert Einstein – Wikipedia

Weitere Veröffentlichungen

**Glauben ist nicht doof
Denkanstöße für ein erfülltes Leben
im Einklang mit sich selbst**
Verlag Books on Demand GmbH

Zunehmend mehr Menschen wenden sich enttäuscht von den klassischen Religionen ab, weil sie auf elementare Fragen nach dem Sinn des Lebens und was passiert, wenn wir sterben, nur unbefriedigende und teilweise widersprüchliche Antworten liefern. Das Interesse an alternativen Religionen, an spirituellen Bewegungen und Phänomenen wie Nahtoderfahrungen steigt dagegen kontinuierlich. In diesem Buch werden wichtige Denkanstöße und plausible Erklärungen für eine Reihe von Fragen zu dieser komplexen Thematik vermittelt.

Das Glück hat seinen Preis
Ein kleiner Ratgeber mit spirituellem
Hintergrund

Verlag Books on Demand GmbH

Wie wir einfach, schnell und preiswert
glücklich werden können, das suggerieren
uns unzählige Werbebotschaften aus Presse,
Funk und Fernsehen rund um die Uhr. Da
wir alle auf der Suche nach dem Glück sind,
lassen sich immer mehr Menschen durch
traumhaft schöne und verlockende Werbe-
angebote dazu verleiten, sich das ersehnte
Glück mit allen möglichen Produkten zu
erkaufen. Die Folgen sind zum Teil dramatisch. Der permanente Konsum wird immer

mehr zur Sucht und die Verschuldung nimmt bei vielen sogar existenzbedrohende Ausmaße an.

Doch das materielle Glück hat meist ein erschreckend kurzes Verfallsdatum und hinterlässt schon bald eine innere Leere, nicht nur im Geldbeutel. Das wahre Glück in unserem Leben lässt sich nun mal nicht erkaufen. Es steht uns allen sogar kostenlos zur Verfügung, hat aber dennoch seinen Preis. Das ist kein Widerspruch! In diesem kleinen Ratgeber werden Ihnen Mittel und Wege zu einem nachhaltigen Lebensglück aufgezeigt.

Geh den Weg zu Ende

Verlag CreateSpace Independent
Publishing Platform

Ein Mann lässt bei einem Spaziergang in
trister Novemberatmosphäre sein bisheriges
Leben Revue passieren, dem er aufgrund
von vielfältigen Problemen und Belastungen
nur wenig abgewinnen kann. Dabei wird er
von einem Auto erfasst und findet sich
plötzlich im Jenseits wieder. Seine phantas-
tischen Erlebnisse in einer völlig anderen
Dimension lassen ihn sein Schicksal dar-
aufhin in einem anderen Licht erscheinen.

Jenseits in Eden

Verlag Books on Demand GmbH

Ein Mann hat seinen gut bezahlten Job aufgrund von Alkohol- und Geldproblemen verloren. Zudem steht ihm ein Prozess wegen Korruption bevor, der seine berufliche Zukunft endgültig zu zerstören droht. Die Schuld an dieser tragischen Entwicklung gibt er seiner Frau, die ihn mit anderen Männern betrogen hat. Er beschließt, sich an ihr zu rächen und lauert ihr mit einem Wagen auf, um sie zu überfahren. Doch in letzter Sekunde reißt er das Steuer des Wagens herum, worauf dieser sich überschlägt und eine steile Böschung hinabstürzt. Was danach passiert, lässt sich mit Worten kaum beschreiben.

In Trümmern versunken
Verlag Books on Demand GmbH

Eine endlose Kette von gewaltigen Naturkatastrophen rund um den Erdball reißt hunderte Millionen Menschen in den Tod. Das weltweite Ausmaß der verheerenden Schäden erfordert globale Rettungs- und Wiederaufbaumaßnahmen und damit den Einsatz einer länderübergreifenden Notregierung. Arthur Malbourg, ein sehr einfluss- und erfolgreicher Wirtschaftsmanager, ergreift kurz entschlossen die Initiative und setzt sich mit einer Schar Gleichgesinnter an deren Spitze. Sein entschlossenes und fürsorgliches Handeln zum Wohl der Not leidenden Bevölkerung trägt schon bald Früchte. Sein Ansehen wächst von Tag zu Tag und er wird als Heilsbringer und Retter der Menschheit gefeiert. Doch Malbourg lässt keine Gelegenheit aus, Gott für die weltweiten Katastrophen verantwortlich zu machen und die Menschen von ihrem Glauben an ihn abzubringen. Alle Gläubigen werden in zunehmendem Maße bedroht und müssen um ihr Leben fürchten. Immer mehr von ihnen fallen einer gezielten Verfolgung und barbarischen Grausamkeiten zum Opfer. Nur wenige werden auf unerklärliche Weise in letzter Sekunde vor dem sichern Tod gerettet und finden sich plötzlich an einem geheimnisvollen Ort wieder.

Josefs Hütte

Verlag Books on Demand GmbH

zum kostenlosen Download auf allen Buchportalen im Internet

Maria Behrmann, Leiterin der Forschungs- und Entwicklungsabteilung eines großen Unternehmens, gerät eines Tages in einem Park mit einem fremden Mann in Streit und ergreift, von seinem Benehmen völlig entnervt, schließlich die Flucht vor ihm. Doch am nächsten Abend steht der Fremde plötzlich vor ihrer Wohnungstür. Eine Begegnung, die ihr bisheriges Leben völlig verändern wird.